Reiherflug

Seelenverbindung

Lyrikband

von

Beate Hefler

Das Buch

Reiherflug – Seelenverbindung

Der Reiher als Krafttier ist in der Lage uns Botschaften unserer Ahnen zu überbringen und gleichzeitig ist er ein anmutiges, wunderbares Tier. Er ist eine Verbindung zwischen den Welten und ein Bote über Raum und Zeit.

Die Autorin schaut in ihrem achten Buch und dritten Lyrikband, gemeinsam mit dem Reiher und den Ahnen hinter die sichtbaren Dinge, um dann den Kreis im Alltag aus einem veränderten Blickwinkel zu schließen.

Jedes Lebewesen ist so individuell und wunderbar. Ganz besonders kommt dies zur Geltung in der Verbindung mit Allem was ist.

Die Autorin

Seit 2005 arbeitet die Ingolstädterin, als freischaffende Künstlerin in ihrer Heimatstadt.

Die Hauptbereiche ihres künstlerischen Schaffens sind, Wortteppiche aus verschiedenen Bestandteilen des Lebens und der Natur zu weben.

In dem Buch: „Hallo Mister Gott hier spricht Anna", bittet Anna, Finn für sie Wörter zu erklären und diese Wörter und Erklärungen aufzuschreiben, sie sammelt dann diese Wörter in einem Schuhkarton als Schätze.

Für die Autorin sind Wörter wie wertvolle, geschätzte Zutaten, aus denen es möglich ist, wunderbare Gerichte zu kochen. Seit mehr als 30 Jahren tauchen die verschiedensten Worte in ihrem Kopf auf, bis sie übersprudeln und sich auf dem Papier als neue Wortteppiche und Gedichtsgerichte manifestieren.

Reiherflug

Seelenverbindung

Lyrik und Fotografie

von

Beate Hefler

∞ Danke an das Leben ∞
∞ Danke für alle Seelenverbindungen ∞

Text Copyright © 2014 by Beate Hefler

Fotografien Copyright © 2014 by Beate Hefler

Umschlaggestaltung und Layout: Beate Hefler

ISBN 978-3-734-74344-3

Herstellung und Verlag: BoD - Books on Demand, Norderstedt

Bibliografische Information Der Deutschen Bibliothek:
Die Deutsche Bibliothek verzeichnet diese Publikation in der Deutschen Nationalbibliografie; detaillierte bibliografische Daten sind im Internet über ‹http://dnb.ddb.de› abrufbar.

Dezembermond

Mein Geist ist frei.
Meine Sinne sind vernebelt.
Meine Seele überschreitet die Grenze
zwischen Raum und Zeit.

Die Welt atmet Schneegestöber aus.
Die Menschen ersehnen die Kraft der Sonne.
Ihre Strahlen zeigen den Himmel blau
und setzen die Wolken in Bewegung
auf unserer Netzhaut.

Ich erahne die Welt als ein Wunder.

Alles Sein ist eine Ausdrucksmöglichkeit
des Lebens in seiner Vielfältigkeit.

Reiherflug

Reiherflug
der Stein der Ursache
vor Ewigkeiten
in den See der Wirkung
geworfen

Erbe
von
Generation
zu Generation

Gene
sind Bewahrer
Botschafter
von
Ahne zu Ahne

Geheimratskoffer
öffnet sich zu gegebener Zeit

was wirst du entdecken

Leichtigkeit
Last

Liebe ist
der Ausgangspunkt
des Reiherflugs

Schiffsschraubenlärm

chiffsschraubenlärm im Küchenbetrieb

Eulenrufe Käuzchenfüße
sei nicht traurig Süße

Schafsaugen Wolkengrüße
tritt dein Glück nicht mit die Füße

Essig und Pfeffer im Herzen
bereiten dir viele Schmerzen

die Vergangenheit ist zerschlissen
schmeiß den Lastenrechner weg
schau die Erde hat sich gedreht
alles ist immer möglich

öffne Deine Seelenfenster weit
draußen riechst du schon die neue Zeit

Steinblumen am Wegesrand

Steinblumen am Wegesrand.
Klatschmohn beredet lacht.
Sorglosigkeit rauscht
durch den Kamin der Weitsicht.
Unsichtbar müsste man
sich machen können,
denkt die gemeine Stubenfliege
und träumt sich gedankenverloren
ins Spinnennetz der Tagträume,
bis jäh der Geruch
von regenfeuchten Abwehrwiesen
sie zurückholt
in die Streichholzschachtel
der Realität.

Gedankenglas

Im Gedankenglas - wächst kein Gras.

Versteck dich hinterm Baum,
so lebst du nie deinen Traum.

Die Weltmeere
sind zu klein für deine Tränen.
Freu dich und wirf dich in Löwenmähnen.

Der Spielball passt nicht aufs Schachbrett.
Streck deine Glieder so - unbedeckt im Bett.

Wähle Schmerz oder Zahl,
befrei dich von deiner Qual.

Leben am Lineal ist gerade,
aber unbelebt, schade!

Steinwurf

Einen Steinwurf voneinander entfernt
liegen Angst und Vertrauen

auf Messers Schneide steht
das WENN und ABER
aber wenn du
aus vollem Herzen
Schmetterlinge lachst
dann tanzen Möglichkeiten
in dein Potential

um Haaresbreite
hättest du dich selbst
verschlafen
mit der Fernbedienung
in der Hand.

Verrückt

Zeitdiebe haben
kein Interesse
an Verrückten
zu gering die
Dividende

dir ist es egal
frei frei frei Zeit Zeit Zeit

ganz still ganz still
und in mitten der Leere
und in mitten des Nichts
DU MIT ALLEM!

Kernschmelze

Erwacht

Breite deine Flügel aus.
Der Wind der Vergangenheit
weht die Starre fort.

Trau deinen Tränen.
Sie benetzen den Weg
aus der Dunkelheit.

Wir schwingen uns auf
- höher -
als die Begrenztheit.

Im Kern schläft die Liebe.

Jetzt ist die Zeit der Aussaat.

Hand in Hand
feiern wir das Wunder.

Weckruf

Folge deiner Stimme.
Setz´ dich auf die Adlerschwinge
lebe deiner Seele Traum.

Das Leben berührt dich
ungefragt.
Sonnenhelle Tage
durchfluten dein Sein
federleicht.

Auf deinen Wunden
erblühen Rosen.

Egal ob
federleicht oder tränenschwer
**LEBE
ALLE
DEINE
TAGE**
!

Entwurzelte Schüchternheit
Zweifel und Schwere
irren zusammen dahin
mittels eurer Träne
schwankt das Sorgengebäude

***

Bewunderung einer Familie
zaghaft errötete dein Entschluss
während mein Hund schlief
kenne ich die Auswirkungen

Flügel

Flieg hinaus ins Niemandsland
erleb deine Träume
Weite macht schwindlig und frei
bleib deiner Seele treu

Sich selber finden
heißt Gewohntes verlassen
die Angst wirft mit Steinen

Breite deine Arme aus
lass dich fallen ins Unsichtbare

Im freien Fall
wachsen dir Flügel
sie tragen dich
in ein erfülltes Leben.

Wegfalter

Wegfalter - Weltenwechsler
Farblose Regeln
Erkennst Dich Nicht MEHR

Zerfallene Ruinen
Altes Gedankengut
Durchgekaut - Ausgespuckt
Der Zahn Der Zeit
Setzt Dich Frei

Entformt Ist Der Weg
FREI
MUTIG

Du Gebierst Dich Selbst
Endlich Fällst Du
Lachend In Deine Arme

Zeitschwingen

Wenn deine Worte
in meinen Gehörgängen lustwandeln,
dann legt sich mein Herz
rosengleich in deinen Schoß.

Unbegreiflich ist der Liebe
stetig fließender Strom.
Meine Sinne dürsten
sie zu beleben.

Sehnsucht schwingt über alle Zeit,
berühren meine Lippen deinen Mund.

Hexentanz

exentanz beginnt

Tannennadelfeuer lockt die Sinne
Mond spiegelt Sonne wider

Wir erstrahlen im ewigen Glanz
Wendekreis der Gezeiten

Energie durchbricht die Schallmauer
Karussell dreht sich langsamer

Unsichtbares nimmt Gestalt an
Seele wurzelt im Licht

Freudentanz S E I N
Echo ich bin!

ABFLUG - READY

REI
FLÜGEL
FANGEN
FALLEN
FLIEGEN

BEAT
DRUM
HERZSCHLAG
FREILICHT
LEUCHTTURM

WEITE
NETZE
GEFANGEN
OFFEN
BEREIT
WO
JA

Berührung erfrischt sommerliche Begegnung
Schmetterlinge und Falter schwirren
als Wesen der Dunkelheit
während derselbe Kinderhort
Teller vermietet

***

Enttäuschung kann eine Perspektive des Chaos wecken
ungeachtet einer Bewunderung
gegenüber überschwänglichen Vertretern

Kaffeebohnen im Glas

Kaffeebohnen im Glas.
Milch im Glas.
Schokofee sagt - wünsch´ dir was.

Ich denke nach und frage,
wie ist für dich die Weltenlage?
Nimmst du´s schwer?
Nimmst du´s leicht?
Was macht deine Seele reich?

Sie sagt - komm greif die Zügel,
ich schwinge meine Flügel.
Kurze Zeit sollst du
durch meine Augen sehn´,
dann wirst du beschwingt
auf dein Leben und die Erde sehn´.

die summe

lache - weine - schrei
du kommst nicht frei

du bist wer du bist
du kannst sein wer du bist

lache - weine - schrei
du kommst nicht frei

eins - zwei - drei - vier
ist eine zahlenfolge
und keine summe

du kannst die logik hinterfragen
und dich beklagen

sei wer du bist
sieh die zahlenfolge
eins - zwei - drei - vier

und mach dein leben dir

bewege dich frei
sei deine eigene summe

Traumzeit

Der Wind der Ahnung
weht durch das offene Fenster herein.

Er treibt die Wolken der Erinnerung
vor sich her.

Der Himmel verfärbt sich
dunkelblau bis schwarz unter der Wolkenlast.

Ich sitze am Fenster und verschwimme
mit dem Himmel.

Meine Gedanken werden Geister und
ich verwebe mich mit den Wolkenfetzen.

Der Wind weckt meine nackte Haut.
Er trägt alle Erinnerungen in mein Herz.

Ich schlafe in allem Sein.
Ich wache in meinen Träumen.

Die Traumzeit hat begonnen.
Ich schöpfe neues Leben
aus den Wolken.

Zeitlosigkeit

Fraglosigkeit
Getriebenheit
Gnade
Vergebung
Weitblick
Lattenzaun
Zahnschmerzen
fliegende Herzen
weite Wälder
sonnige Felder
Apfelbaum
Südseetraum
wach auf!
schau weiter
als die Erfahrung
Sternenflug
bewusst werden
Bewusstsein
wow!
es gibt viel mehr
als Tränen
Leben in Fülle
unbedingt
erlaubt!

Elefantenfliege

Schweigen ist kein Trost
sagt die Elefantenfliege

geballte Leichtigkeit
weht den Musikkamm
durch die Raumzeit
in ihre enge Stube

das Gedankenmobile
wirbelte batteriebetrieben
in ihrem Alltagsgehirn

steig aus dem Traditionsrad
der unüberprüften Gültigkeit
von Generation zu Generation

unsere Selbsthilfegruppe
Oase des Lachens
trifft sich jeden Mittwoch
in der Goldenen Traube

summend macht sich
die Elefantenfliege auf
ins Wunderland
Veränderung ist möglich

29

Verschobene Gebilde

Verschobene Gebilde
Herzen wilde

betonierte Einbahnstraßen
der Gewohnheit

Verworrenheit der Freiheit

neue Wege
wachsen wie Astgabeln
aus der Klarheit

kann ein Kamel
am Nordpol leben

wie weit kannst du
deine Gedankenkreise
bewegen

hast du den Mut
verstaubtes zu vergeben

trau dich
lass dein Kamel frei
fühl dich dabei
SEI

kaffeeblätter

Blätter im kaffee
sie kunden vom herbst

ameisen auf steinstraßen
transportieren viel

hefte dich an die ferse
des fortschritts
und du verlierst den
inneren takt der verbundenheit

such baumharz
in den weit offenen rinden
versuch die wunden der erde
zu verbinden

Bleistift

Raum und Zeit
Unendlichkeit

Tränen fliegen nicht
sie fallen ins Meer

Blumen blühen weiter
du kannst sie nicht mehr sehen

Meine Arme sind leer
sie umarmen dich nicht mehr

Meine Seele ist erfüllt
von deinem Lachen

Mein Herz schlägt weiter
auch wenn es dich
sehr vermisst.

Schwertlilien im Garten

Schwertlilien im Garten
sie können warten

gebrochene Herzen
sie können schmerzen

wilde Pläne
brauchen keine Zähne

Freiheit braucht
Zeit und Raum
hetzen hilft kaum

Zäune niederreißen
sich in Ideen verbeißen

Kopf angeschlagen
jetzt kann es die Intuition wagen

Nachtblaue Aussichtspunkte

achtblaue Aussichtspunkte.

Sommergeruch wallt wieder durchs Fenster.

Ich atme tief und halte die Luft an.

Ich wohne nicht mehr im Schneckenhaus.

Sternstaubdurchzogene Mondfedern
glitzern im Fluss der Möglichkeiten.

Ich habe mir aus dem Treibholz
meiner Erfahrungen ein Floß gebaut.

Trägwindig schwappt der Abend
in mein Herz hinein.

Nachtblaue Aussichtspunkte
öffnen die Flügel meiner Seele.

Zeitströme

Die Zeitströme der Vernunft
reißen die Sandbänke
der Träume nieder

sintflutartig entleeren
sich die Angstpolster
der Hilflosigkeit

formlos sind die Fenster
der vergessenen Zeit

weitschweifig
ist der Reiherflug

der Eulenblick
sieht zurück

hinter der gemähten Wiese
liegt die zaunlose Zukünftigkeit

leicht fliegt der Drache
in die neue Zeit

BEREIT

Alchemie

Bierfluten umspülten
einst unsere Gehirne
weit weg vom Schlaraffenland

verbunden im Leben
durch Seelenwärme

wir sind gemeinsam
aufgebrochen

du schaust aufs Land
der Unmöglichkeiten

ich belegte
Zauberkurse
im Universum

ich erlernte
die Kunst der Alchemie
aus Cola Kräutertee
zu gewinnen.

obstsalat

eine schale früchte
ein amsellied aus der baumkrone

das gras riecht
noch nach sonnenwärme

du erwägst möglichkeiten
nickst ein am uferrand
verlierst den faden
verlockende bilder schimmern
in deinem traum

wirst du es beim aufwachen
wagen aus deiner intuition
realität zu schöpfen
statt immer nur
um dich selbst zu kreisen?

blechkamele

Wenn katzen sich auf bänken und betten bei uns wohlfühlen. wenn deine haare ganz zerzaust sind. wenn autos mit 130 km/h auf der autobahn rasen in rudeln. richtung irgendwo aus dem nirgendwo. wenn vor geisterfahrern in 30 kilometer entfernung gewarnt wird. wenn der staubsauger führerlos durch den keller rast. die waschmaschine deiner wochenwäsche entleert wird. klein oskar von oma an papas auto begleitet wird und richtung hofausfahrt rückwärts ausparkt. dann ist nichts mehr wie es war, alles ist möglich, denn es ist der 2. juni. der beginn einer neuen zeitrechnung.

das leben ist mit zerzaustem haar, großem herz und ziellosen gebändigtem leben, am glascontainer zu mir gekommen. ich öffnete meine zugbrücke und ließ die hellen sonnenstrahlen in mein zurückgezogenes herz.

mein hab und gut packte ich kurz entschlossen in kleine bunte reisetaschen um dir zu folgen.

um dich mitten in deinem herzen zu treffen setzte ich mich hunderte und aber hunderte kilometer neben dich. wir rasten über regennasse autobahnen. schlichen über erhitzte landstraßen. krochen im stau wie schildkröten mit schwerem gepäck dahin. all das nahm ich auf mich, um das leben am eigenen leib zu erfahren. wir fuhren und fuhren. dabei habe ich immer mehr über das leben der menschen erfahren.

heute nach 150 kilometern zügiger fahrt, dämmerte mir am frühen morgen die erkenntnis, dass sich am leben der menschen in rudeln nichts seit menschengedenken geändert hat.

sie leben immer noch als nomaden, in herden. mit ihren blechkamelen reiten sie über hügel und täler, an den lebensspendenden flüssen entlang. immer auf der suche nach nahrung und unterschlupf.

Wolkendrachen

Wolkendrachen an der Schnur

Rabenfeder am Balkon

Sturmrauschen in der Gedankenflut

unbändiger Lebensstrom

sockenloser Barfußgang

herzerweiterte Aussicht
vom Leuchtturm des Erlebens

lebensfroher Entdeckergeist

weitgereiste Traumbotschaft
im Netz der Sinnlichkeit
verwurzelt
treibt grüne Triebe
der Möglichkeiten

ideenbestäubte Wirklichkeitsblüten
lassen mich das universelle Lachen
ernten

Leute züchten Ideen
in keiner Gasse hing
der Frühling

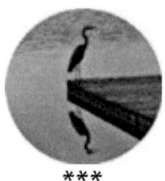

***

Angesichts dieses sommerlichen Apfelbaums
heilte die Rose den zierlichen Maler
mit dieser Preisverleihung
bis auf Freiheit

tierisch

wozu an schöne plätze eilen
wenn du kannst nicht bei dir verweilen

wohin treibt dich die unrast fremder
wenn die zufriedenheit in dir schläft

schafe grasen glücklich auf der weide
träume machen dich groß

die augen aufgeschlagen
und du könntest es wagen
dich zu befreien und du zu sein

oder

du kannst weiterhin vorgelebt
grasen mit all den anderen
als kuh in der herde
siehst du nie die pferde

ALL-EINS

Zeitschrauben im Gedankennebel.

Das Zeitenkarussell dreht sich schneller.

Die Zahlen verschieben sich.

Wandel ist ihr Ziel.

Die auf dem Erdenrund verstreuten Lichter

finden zueinander.

Verbunden durch die Liebe.

Die Angstkreise beginnen sich aufzulösen.

Die erhöhte Schwingung

der hell miteinander verbundenen Herzen

weicht sie auf.

Die Angstdepots in unseren Seinskellern

werden sichtbar.

Das warme Licht

der achtsamen, bedingungslosen Liebe

erhellt unsere Gemüter.

Setzt unsere Schöpferkraft frei.

Wir beginnen einander daran zu erinnern

wer wir wirklich sind.

ALL-EINS

Gedankenweitwurf

Gedankenweitwurf über den Zaun
der Nachlässigkeit.

Rotes Plüschsofa entkernt
verlorene Träume entdeckt.

Sieben Tränenflaschen geöffnet
in den Wildbach der Sorglosigkeit
geschüttet.

Notration von Möglichkeitsdosen
im Kellergewölbe der Vergangenheit
entdeckt.

Kurzentschlossen Freudenparty
im Lebensgarten veranstaltet.

Rücksicht

Rücksicht bedeutet sich nicht getreten zu fühlen.

***

Zuverlässigkeit

Zuverlässigkeit ist das Wechselspiel zwischen Sonne und Mond.

***

***

Vertrauen

Vertrauen ist der Motor der Entwicklung.

***

Verantwortung

Verantwortung ist der kürzeste Weg aus dem Chaos.

ENGELSFRAU

WEGE - ZWEIGE - ÄSTE
WEITER - KREISE - ZENIT
SEELE - REISE - LEISE
VERBUNDEN - ZEIT - RAUM
TRAUM - LEBEN - GEBEN
SONNE - WIND - REGEN
HERZEN - ERINNERN - WACHSEN
HEILEN - TEILEN - SEIN

Trennung

Einsamkeit
Verborgenheit
Verschlossenheit

entrissen sein
fern sein
allein sein

allen Wurzeln enthoben
Besserung geloben

Blumen welken
Steine bluten nie

wer der Wahrheit
nicht ins Auge sieht
dem lacht die
Illusion ins Gesicht.

Sonnenblumen sind
die Haltefarben
des Frühlings,
in der weiß kalten
Schneelandschaft.

***

Ich gehe immer weiter
in mich hinein,
um am weitesten
aus mir herauszugehen.

***

Ereignisse sind Markierungen
im Zeitstrom.

Die Zeit steht nicht still.
Wir werden die sein,
die wir sind.

Eingeschnürt - abgepackt
ist aufgelöst.

***

Du kannst eine begrenzte Zahl
an Häusern bauen.
Ich kann eine unbegrenzte Zahl
an Gedanken weiten.

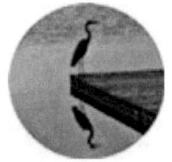

***

Sorglos, fraglos
steht der Grashalm auf
der ungemähten
saftigen Wiese.

gezogener Kreis

Die weise Eule - mit dem verschleierten Blick

hat deinen Gedankenflug geküsst

und sieht direkt in dein Herz

- Schmerz -

der alte knorrige Baum - kaum bemerkt
fängt dich mit seiner Lebensenergie auf
er hängt Noten an die Wäscheleine
über deinen Kopf

- weg ist der Zopf -

kahl geschoren - erhebst du staunend deinen Blick
der Reiher hat das Ahnenland durchflogen
er sucht schweigend - wartend - deinen Blick
dankbar stellst du dich nackt gegen den Wind
und fühlst deine Flügel wachsen

- in die Unendlichkeit -

Gedankenwälder

Gedankenwälder - Wortgebilde
Schatten der Vergangenheit

Gehirnmühlen kreisen
Luft schlagen ermüdet

klarer Sternenhimmel
in mondheller Wolkennacht

Düfte - Sehnsüchte erinnern dich
an so viele bunte Lacher
die deine Seele jubeln ließen

Äste gibt es an allen Bäumen

deine Augen erinnern sich
an reife Früchte

dein Blick geht hoch hinauf
zur Krone der alten Eiche

Eule und Reiher
weisen dir den Weg

sie tragen dich hinauf
in die Freiheit
der hell miteinander verbundenen Herzen

neusichtig blinzelst du
in deine Zukünftigkeit

Seelenverbindung

Schwarzgekleidet kommst du daher.
Deine Schwingen übermächtig
ausgebreitet.
Gnädig deckst du Entformtes zu.

Das Herz von aller Schwere befreit.
Darunterliegende Geröllschicht
mit bloßen Tränen, bar jeder
Gedankenstille abgeweint.

Hinter dem Nebelschleier bricht
milchig das Sonnenlicht
der allumfassenden Liebe
hervor.

Du bist frei!
Wir sind entbunden!

Seelenverbindung
besteht über Raum und Zeit.

Deine Wärme hüllt uns ein.
Berührt warten wir auf das Morgen.

Sonnenschirmwald

Hausbefreite Miethausbalkone
geben den Blick
auf streichbedürftige
Lattenumzäunungen frei.
Das Verkümmernis
erreicht selbst die Zone 30.
Der buntgestreifte Sonnenschirmwald
ist dadurch in seiner heiteren
geborgenheitsspendenden Daseinsform
in keinster Weise zu bremsen.

Lebenstor

Viele verlassene Straßen sind verschneit

die Wut erleuchtet die Nacht
entzündet die Kerze
der Sehnsucht

die Spurensuche beginnt
kurzsichtig
auf dem krummen Pfad
der Gedankenwelt

Gehirnmonster erheben sich

Liebe bricht
aus dem schlafenden Sein

die müden Träume
recken ihre Glieder

die Gegenwart
hat mich wieder

wacher als zuvor

offener das Lebenstor

winterschlaf

erschrocken schlägst du
die augen auf
die bäume sind schon ganz kahl
und du realisierst es ist spätherbst

wo ist all die zeit geblieben
du wolltest doch
im sommer ernten

und hast irgendwie
den frühling übersehen
und vergessen zu säen

kurz bevor der winterschlaf
dir die schweren augenlider
zudrückt
beschließt du
im nächsten jahr
bereits im frühling zu leben

Stolz

Wandlos gehst du
in einer brotlosen Zeit
deinen Weg.

Der Clown gibt sich
mit der Gefangenschaft
nicht zufrieden.

Wellenweit ebnet der Fuchs
der sandfüssigen Möwe
den Weg.

Warum den Traum
in Chloroform ersticken,
wenn gerade jetzt
der Windhirte
die Schafswolkenherde
am Firmament befreit?

Stolz
auf ex und hopp
über die Brüstung
des Stumpfsinns entsorgt.

Wirbelwind des Seins
umarmt die Seele!

Rosarot getränkt
Wolke sieben abgestürzt
Zwangsherzen entwölkt

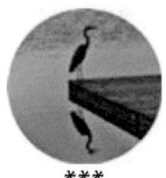

***

Katalysator
Abgaswolken in der Stadt
aus Egoismus

***

Wildwasserfluten
entwölken mein Abendgemüt
lachendes Gesicht

Kaffee

Schwarz - bitter - kalt
intensiver Eindruck

innegehalten - gelauscht
tiefe Stille erspürt

umgedreht - Innengeräusche entleert
ehrfürchtig - staunend
leises stetiges Vibrieren
erlauscht

Kontakt
mit dem Universum
aufgenommen

demütig - erhellt
friedvollen Glanz erahnt

dankbar
neues Lebensmuster
erfahren

sanfte Brise
treibt mich
Richtung Neuland

Ufer nicht in Sicht

Nächstenliebe

Nächstenliebe erweitert den Horizont der Einsamkeit.

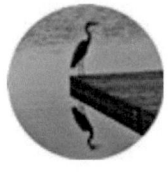

***

Mäßigung

Mäßigung ist, auf der Autobahn 120 Stundenkilometer zu fahren, obwohl man im Rennauto sitzt.

***

Ehrlichkeit

Ehrlichkeit befreit den Dachboden der Lügen von ihren Spinnweben.

Herzlich - verbunden

schmerzlos
wutlos
zeitlos
kopflos

kopflos
sorglos
zeitfluss

flussfenster
zeitfenster
durchblick

weitblick
freiblick
herzensblick
LEBZEIT

Herzenslicht

Wieviel Lachen
hast du verschluckt

wie viele Tränen
hast du begraben

du hast gegeben
mit weit offenen Armen
und mitfühlendem Herz

deinen Schmerz
hast du allein getragen

weit bist du geflogen
deine Liebe hat Spuren
in mein Herz gezogen

zusammen sind wir
ins Licht geflogen

dein helles Licht
leuchtet mir
in finsterster Nacht

Fragenlabyrinth

Wärme - Nest - Fluglotsen
Leere - Kälte - Heimatlos
Verzweiflung - Sorge - Angst
Weite - Flügel - Schmetterling
Himmel - Horizont - Musik
Frage - Keine Antwort
Lügen - Sorge - Morgen - Wo

***

Eulenaugen

Nebel - Wasser - Waten
Trinken - Ertrinken
Frei - Sein
Lügen - Nie Flügel
Prägen - Stempeln
Angst - Würdelosigkeit
Mantel - Schutznacht
Eulenaugen - Schutzengel

Eingestaubtes Hirn
im wolkenförmigen Zwirn
so bin ich entkernt

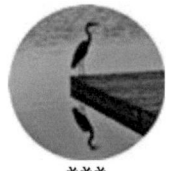

***

Die Seelenfäden
ein himmlisches Wolkenspiel
Kumulusgefühl

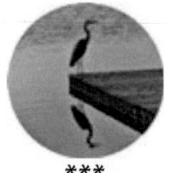

***

Die Wolkenbeine
baumeln an der kurzen Schnur
ah Gedankenkur

Kopfzimmer

Fenster zur Welt
sei gut zu dir selbst
auch wenn Angst und Zweifel
an dir nagen

Stoppuhr - Kontrollverlust
Quelle der Freiheit
ich hatte keine Stimme

man sagte mir
ich soll leise sein
und es waren so viele
Lieder in mir

man sagte mir
ich soll unauffällig sein
und ich hatte soviel
Lebensfreude in mir

man sagte mir
ich sei steif und linkisch
und ich traute mich nicht
zu tanzen obwohl
meine Seele im Takt
der Lebensfreude
tanzte

Lebenszeichen

Leuchten müsste man können
von innen heraus wie ein Stern
um die Finsternis um einem herum
zu vertreiben

Bedingungslos müsste man
sich hingeben können
um zu sein wer man ist

Ich streiche die Möglichkeit
da ich mich entschieden habe
sie zu leben!

Zeitstrahl

Monsterfüße
lach nur Süße
der Froschkönig
schwimmt im Abwaschbecken

Altes sehen
und trotzdem lachen

schwimmen im offenen Meer
Vergangenes schmerzt nicht mehr

Gurkenglas offen auf den Teller
die Welt wird heller
der Regenbogen gießt
Sonnenfarben
über alte Tränen

das Herz wird weit
die Seele erstrahlt
in neuem Kleid

Gefangenheit

Blutleere - Armut - Lügen
Demut - Übermut - Wehmut
Leere - Zwang - Angst
Herde - Verzogen - Verletzen
Zerstören - Demütigen
Wehmut - Herz - Schmerz
Bäume - Sonne - Gras
Lachen - Temperament
Transparent - Witz - Scham

***

Seltsam und doch

Lachen - weinen
Regenbogen
klettern - fallen
erstarren - starren - staunen
Tränen - Schokoküsse
kurze Füße
lange Ohren
Schwerelosigkeit - Freiheit
Weite - Flucht - Zelt
Stacheldraht - Welt
Woge - Welle - Tellerrand

Leichtigkeit und Lachen

Leichtigkeit und Lachen
vertreiben dir deine Herzensschwere

wir sind verbunden
durch die Kraft der Liebe

Achtung und Wertschätzung
still und heimlich
gezeigt

wir sind wie
Tag und Nacht
so verschieden

wir sind wie
Ebbe und Flut
ein Teil des Ozeans

unvorstellbar
ohne einander
Feuer und Wasser

Wann

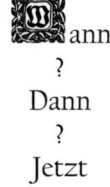ann
?
Dann
?
Jetzt
!
Lebe
DICH

Wann?
Dann?
Jetzt!
Lebe
Dich
...

Geh´ deinen Weg.

Folge deinem Herzen.

Die Seele kennt den Weg.

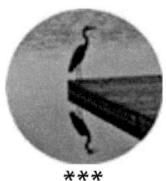

***

Ich wünsche dir, dass
die Kraft des Meeres
deine Seele berührt.

***

Ich höre in mein tiefstes Inneres hinein
um den Himmel über mir zu sehen.

Manchmal überquere ich dabei den Horizont.

Freude

inde
ruhe
eile
und
druck
enden

Finde Ruhe
Eile und Druck enden!

***

Weite

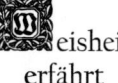eisheit
erfährt
innere
tiefe
erkenntnis

Weisheit erfährt
innere - tiefe Erkenntnis.

Wagnis

er
altes
genießt
nicht
ideenreich
sucht

Wer Altes genießt
nicht ideenreich sucht.

***

Sommer

onne
ohne
mehr
missmut
erreicht
reife

Sonne
ohne mehr Missmut
erreicht Reife

Sonne

Blumen bunt erwacht.
Sonnenkuss die Glut entfacht.

Herzensfinsternis am Firmament.
Nie gestillte Sehnsucht brennt.

Wo sind all die Elfen, Gnome, Zwerge?
Sind sie längst über alle Berge?

Warum ist aus dem Fragenkatalog genommen.
Gefühlsflut macht den Blick verschwommen.

Losgelöst von dir,
gehöre ich jetzt mir.

Die Unendlichkeit ist nicht zu ergreifen.
Seeleneindrücke lassen das Weltbild reifen.

Du hast mich gesehen
und musstest weitergehen.

Da und dort hab ich nach dir gefragt
und tapsend den Weitergang gewagt.

Treibgut

Fuchs und Ente
gehen nie in Rente

Wettrennen
im Strom der Zeit
bis zur Unendlichkeit

sei schlau
und in den Himmel schau

der Wunschstein in deiner Hand
will in ein neues Gedankenland

wirf deine Freudennetze aus
dann holst du Farbtupfer ein
und du fühlst dich dein

eine Mütze eine Eule ein Meer
du weinst und lachst und singst

und erlebst deine Tage
mit und ohne Frage

die Welt ist rund
und du bist offen
welches Treibgut
ist grad eingetroffen

Liebe

ache
in
echter
begegnung
einig

Lache
in echter Begegnung
einig

****

Regen

uhig
empfängt
gras
ersehnte
nässe

Ruhig empfängt
Gras ersehnte Nässe

Schönheit

Luftschatten
Weltenschmerz
mitten ins Herz

Tränensegel
mehrteilig verloren
im Menschengetriebe

Hetze - Unrast
Verlorenheit
weit entfernt
vom ich

Lichtjahre treiben
das Wissen allen Seins
vor sich her
Sein - verbinden
mit den alten
Melodien

Lass alles los
flieg weg
von Norm und Zeit

Sei frei - in dir
küss den Gefühlen
Leben ein

Die Welt ist
ein Zelt

Melodie

Wie - woher - warum - bum
monotones Lied

Plastiktüten beschneiden
Biokarotten in ihrem Sein

U-boote haben keine
Hängematten an Deck

geräumige Handtaschen
sorgen für Verwirrung
in der Schlichtheit

Periskope ziehen
Gedankenwinkel

Kaleidoskope ermöglichen
eine veränderte Sicht
auf bunte Mosaike
ungelebten Lebens

Sparflamme abgedreht

Weltreise
klein koffrig und großäugig
aufgenommen
mitten
im Lebenskreis

Abrakadabra

Angst - Freiheit
Abrakadabra - Magie
Mond - Meer - Sonne
Wut - Sand - Träume
Träume - Wüste - Nähe
Weg - Sterne - Fülle

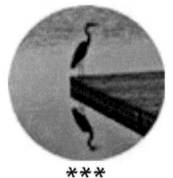

***

Schwarze Nacht

Schmerz - Vergangenheit
Verstrickung - Erlösung
Sommer - Heu - Freiheit
Weite - Sonne - Gras
Fußball - Laufen
Verantwortung
Einsamkeit - Wege
Gefangen - Unmündig
Ohne - Mama
Schwarze Nacht